How Beau the Cat Learned Russian

Как кот Бо выучил русский язык

A Bilingual Book by Lily Summer

Copyright © 2019 by Lily Summer

ISBN 13: 978-1-58790-467-7
ISBN 10: 1-58790-467-5

All rights reserved.

Manufactured in the U.S.A.
REGENT PRESS
Berkeley, California
www.regentpress.net

Beau's Signature

Подпись кота Бо

My thanks go to :

Mark Weiman, my editor, for his dedication and wealth of knowledge. He made this unique book possible.
Gayle Young, Beau's Mom, for permission to make her cat the main character of my books.
Amélie Hassan, for her artistic sense and design skills.
Anna Arbit and her sons, Andrei and Kiril, for Russian translation, comments and advice.

Я хотела бы высказать благодарность:

Марку Вайману, моему редактору, за его поддержку, и обширный опыт и знания. Без него эта книга никогда бы не состоялась.
Гэйл Янг, маме Бо, за разрешение сделать своего кота главным героем моих книг.
Амели Хассан, за её художественный вкус и помощь в дизайне книги.
Анне Арбит и её сыновьям, Андрею и Кириллу, за русский перевод, комментарии и советы.

Beau wants to go to Moscow.

Бо хочет поехать в Москву.

Beau is a foodie. He adores eating. So Beau thinks, "In Moscow they speak Russian."

Бо настоящий гурман. Он любит хорошо поесть. Бо подумал: "В Москве все говорят по русски."

If he wants to eat well in Moscow, he needs to know how to say "chicken", "salmon", "tuna", "cheese", "mouse", "shrimp", "Beef Stroganoff" and "Russian Pierogi."

Если он хочет в Москве хорошо поесть, то ему надо знать как сказать по русски "курица", "лосось", "тунец", "сыр", "мышь", "креветки", "бефстроганов", и "вареники."

Only one solution: Lisa. Each day Beau has noticed students with a notebook and pen arriving at her house to learn Russian. Lisa is a language teacher. So Beau secretly listens, spies and learns.

Есть только одно решение - Лиза. Изо дня в день, Бо наблюдает как ученики, с тетрадкой и ручкой в руке, приходят к Лизе домой чтобы выучить русский язык. Лиза - учительница иностранных языков. Никем незамеченный, Бо всё слушает, видит, и запоминает.

In the bird bath, he learned how to count from one to ten: one, two, three, four, five, six, seven, eight, nine, ten.

Лежа в садовой птичьей ванне он научился считать от одного до десяти: один, два, три, четыре, пять, шесть, семь, восемь, девять, десять.

Near the hat, he learned the word "roast chicken."

Расположившись возле шляпы, он выучил фразу "запечёная курица".

On the garden chair, he learned to ask, "I would like a bowl of water please."

На кресле в саду, он выучил как спросить "Дайте, пожалуйста, миску воды."

On the couch, he pretends to sleep and he learned the word "smoked salmon". But Beau only likes fresh salmon.

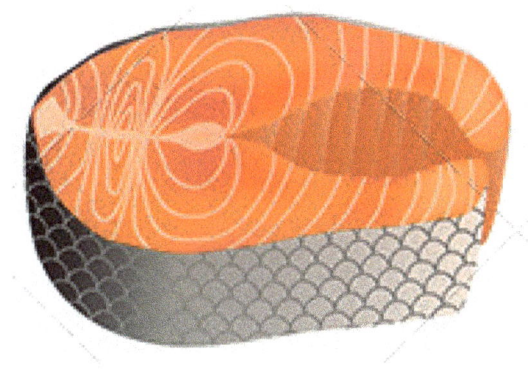

Притворившись спящим на диване, он выучил фразу "Копчёный лосось". Но Бо нравится только свежий лосось.

Under the bed he learned the word "mouse". "Mouse" is a feminine word. A cat like him is a masculine word. The word "sun" is a neuter word. In Russian there are three genders, masculine, feminine, and neuter.

Под кроватью он выучил слово "мышка". "Мышка" - слово женского рода. Слово "кот", как Бо, мужского рода. "Солнце" - слово средний рода. В русском языке существует три рода имен существительных: мужской, женский и средний.

In the car he learned to pronounce Russian sounds like "sh" and "shch". He repeats the word "щенок" which is difficult for him because it means puppy. Then he learned how to pronounce the word "мышь", very useful for him because it means mouse. This word he kept on repeating non stop!

В машине, он научился произносить русские звуки "ш" и "щ". Он нехотя повторил несколько раз слово "щенок". Потом он научился произносить очень полезное для себя слово "мышь". Это слово он повторял без остановки!

Lisa has a lot of patience. She pronounces the words clearly and repeatedly. That way Beau is learning quickly and well. In the closet, Beau reviews all the vocabulary and makes sure Lisa doesn't forget anything, especially her summer shoes.

Лиза очень терпеливая. Она чётко произносит все слова и повторяет их несколько раз. Таким способом, Бо учится быстро и хорошо. В шкафу, Бо повторяет все слова и смотрит чтобы Лиза ничего не забыла, особенно свои летние туфли.

After a few months he is ready and sneaks into Lisa's suitcase. Lisa is going to Moscow tomorrow. Beau is very happy. He can't wait to see the Red Square, the Bolshoi Theater and the St. Basil Cathedral.

Спустя несколько месяцев, он почувствовал себя готовым к путешествию и залез к Лизе в чемодан. Завтра Лиза уезжает в Москву. Бо очень рад. Он очень хочет увидеть Красную площадь, Большой театр, Храм Василия Блаженного.

Andrei and Kiril, Lisa's students, drew portraits of Beau.

Андрей и Кирил, ученики Лизы, нарисовали портрет Бо.

Draw your own picture of Beau:

Нарисуйте Бо: